Hans Brunswig

K. Lauers Tierleben

Die bizarre Welt vergessener Tiere

Meiner Familie

Hans Brunswig

K. Lauers Tierleben
Die bizarre Welt vergessener Tiere

Illustrationen von:

Nele Brunswig: *Cover (Zottelfrosch), Der Tenortölpel, Der Kaiman-Axolotl, Der Karnewal, Der Wamskegler, Die Niko-Laus*

Ole Brunswig: *Die Hüpfschnecke, Die Rennkoralle, Die Grizzly-Maus*

Luna Sonnenschein: *Der Zottelfrosch*

Elli Sonnenschein: *Die Storchenklitze, Der Baumelefant*

Impressum

Bibliografische Information der Deutschen Nationalbibliothek: Die Deutsche Nationalbibliothek verzeichnet diese Publikation in der Deutschen Nationalbibliografie; detaillierte bibliografische Daten sind im Internet über http://dnb.dnb.de abrufbar.

© 2022 Hans Brunswig

Herstellung und Verlag: BoD – Books on Demand, Norderstedt

ISBN: 978-3-7562-2641-2

Inhalt

Vorwort 6

Der antarktische Waldpinguin 8

Der Baumwurf 11

Der Kaiman-Axolotl 15

Der Karnewal 20

Der Makakenspinner 25

Der breitbeinige Wamskegler 30

Die Höhlenbeutelrobbe 35

Aztekische Hüpfschnecke 40

Die Niko-Laus 44

Der Rattengackler 49

Die Australische Rennkoralle 54

Die Storchenklitze 58

Der Tenortölpel 62

Die Grizzly-Maus 66

Baumelefant 72

Zottelfrosch 75

Vorwort

Unser Planet ist voller Leben. Schon sehr lange. Seit Menschen diese Erde besiedeln, haben sie von Anfang an allem, was sie umgibt, Namen gegeben. Zuerst haben sie Bilder geschaffen, später dann diese durch Symbole ergänzt und noch später dann durch Schriftzeichen ersetzt. Letzteres ging mit dem Bemühen einher, die eigenen Beobachtungen mit mehr oder weniger geeigneten Worten präzise zu beschreiben und dabei auch das Gesehene und Erlebte systematisch einzuordnen und zu bewerten. Seit dem Zeitalter der Aufklärung schließlich geht es bis heute darum, die Natur wissenschaftlich, also präzise und methodisch angemessen zu erfassen und in eine Welterklärung allgemein einzubetten. Dabei ging und geht es dem Menschen auch immer darum, sich selbst mit den Erscheinungen der Natur in eine Beziehung zu setzen, sich also zu reflektieren.

Dazu will dieses Büchlein einen bescheidenen Beitrag leisten, indem es sich Tieren zuwendet, die bisher von der Wissenschaft entweder vollkommen übersehen oder sogar - warum auch immer - absichtlich ignoriert wurden.

Dabei habe ich mich bemüht, der wissenschaftlichen Betrachtung eine poetisch gestaltete Denkanregung voranzustellen, um danach dann eine reflektierende Einordnung beziehungsweise ganz persönliche Bewertung vorzunehmen. Den Schluss bildet dann ein Fazit mit Bezug zur menschlichen Lebenserfahrung.

In diesem Dreischritt vorgehend wünsche ich allen Leserinnen und Lesern neben ganz viel Vergnügen auch einen besonders unterhaltsamen Erkenntniszuwachs.

Hans Brunswig im August 2022

Der antarktische Waldpinguin
(lat. pinguinus silvestris antarctikus vulgaris)

Was klettert dort im antarktischen Wald
auf Bäumen herum, s'ist bitterkalt?
Nun beginnt es auch noch vielstimmig zu singen,
die Flügel zu spreizen, dabei hastig zu swingen.
Nun gesellt sich bald noch ein Tölpel hinzu,
so erklingt nun vierstimmig ein Chorus im Nu.
Die antarktischen Siedler sind erstaunt und
verzückt,
der Töne Klang sie verzaubernd beglückt.

Der Grund dahinter:

Der gemeine Waldpinguin lebt in den antarktischen Urwäldern und brütet dort in Baumwipfeln. Er ist übrigens die einzige Art aus der Familie der pinguinalen Vögel, die auch flugfähig ist, wenn auch nur sehr eingeschränkt. Zur gemeinsamen Jagd rotten sich Waldpinguine gerne zusammen, um arbeitsteilig, gleichwohl aber koordiniert, ausreichend Nahrung in den Küstengewässern zu erbeuten. Sie ernähren sich hauptsächlich von Krill. Es soll aber schon vorgekommen sein, dass sie im Familienverband auch einen verirrten Eisbären erlegt haben. Diese Information stammt allerdings aus einer nicht ganz zweifelsfreien Quelle, nämlich von einem selber verirrten und leicht bis stark verwirrten Eskimojungen, der von einer nordpolaren, durch veränderten Erdmagnetismus fehlgeleiteten Meeresströmung abgetrieben worden war und mit seinem Kajak im Sommer in südliche Gefilde getrieben wurde. Zurück zu den Pinguinen: Sie leben gerne aus diätetischen Gründen auch mal für ein paar Wochen rein vegetarisch und ernähren sich dabei bevorzugt von antarktischen Moosen und Flechten. Letztere verwenden sie auch zum Nestbau, weshalb man gerne auch von geflochtenen Nestern sprechen kann. Sie sind, ganz nebenbei bemerkt, auch noch sehr musikalisch. Während ihrer Paarungszeit im antarktischen Vorfrühling legt sich ein vielstimmiger Gesangsteppich über die antarktischen Küstenwälder, ein untrügliches Zeichen für das Vorhandensein einer großen, von intensiver Fortpflanzungsbereitschaft und enormer Lebenslust beseelten Waldpinguinkolonie. Ihr Gesang ist dabei ebenso koordiniert und arbeitsteilig wie ihr Jagdverhalten. In drei Stimmlagen ertönt ihr Balzgesang und wird bisweilen noch unterstützt durch den melodiösen Beigesang des männlichen Tenortölpels, der gerne auch mit seinem Horst auf den Felsvorsprüngen der steilen Abhänge des antarktischen Urwalds siedelt. Alles in Allem ein wissenschaftlich noch nicht ansatzweise restlos durchdrungenes Forschungsgebiet, das es nun weiterhin zu beackern gilt.

Was lernen wir daraus?

1. *Auch manch ein Tölpel ist begabt, sei es auch nur gesanglich.*
2. *Wer weit genug abdriftet, vermag sich bisweilen neue Welten zu erschließen.*
3. *Wer zu viel Krill im Kropf hat, ist gut beraten, wenn er sich auch einmal eine zeitlang dietätisch ernährt.*

Der Baumwurf
(lat. iactator arboreus)

Was raspelt da unter des Baumes Rinde?
Es neigt sich bedenklich die alte Linde.
Das Knuspergeräusch, es kommt immer näher.
Und unruhig wird selbst der Herr Eichelhäher.
Der Baum, er biegt sich und knirscht schon ganz derbe,
es droht nun der Bruch und der Schaden wird herbe.
Man kennt diesen Laut und's wird einem ganz bang:
dem Baumwurf der Durchbruch zur Rinde gelang.

Der Grund dahinter:

Die Bezeichnung des Tieres führt zunächst ein wenig in die Irre. Der besagte Baumwurf wirft zwar nicht mit Bäumen, gehört jedoch gleichwohl zu der Familie der „Würfe", wie z.b. der Wegwurf, der Abwurf, der Auswurf, der Weitwurf, der Entwurf und der Überwurf. Die bekannteste Art dieser Tierfamilie und am weitesten verbreitet ist allerdings der Maulwurf. Dieses im Ackerboden mit seiner Schnauze wühlende und mit Erde um sich werfende Unterbodentier (werfen > „Wurf") ist bekanntlich nachtaktiv und entgegen landläufiger Meinung von Rasenbesitzern ein ökologisch sehr wertvolles Wesen, weil es für eine gute Bodendurchlüftung sorgt und damit die Bodengüte verfeinert. Deshalb hat der Gesetzgeber ihm auch eine Schonfrist von 12 Monaten im Jahr zugebilligt. Jeweils beginnend mit dem 1. Januar eines jeden Jahres. Mit ebendieser Art ist der Baumwurf am nächsten verwandt.

Wie schon oben bemerkt, beruht der Name nicht darauf, dass dieses Tier mit Bäumen um sich wirft, das wäre schon durch seinen gedrungenen Körperbau gar nicht möglich, denn er ist nicht viel größer als sein Vetter, der Maulwurf. Im Unterschied zu jenem beschränkt sich sein Lebensraum jedoch nicht allein auf den unterirdischen Bereich, in den er sich nur während der Wintermonate in seine Schlafhöhle verzieht. Im Frühling zieht es ihn wieder nach oben in den Baum, wohin er sich durch eine starke und sehr nahrhafte Hauptwurzel bis etwa in Stammmitte förmlich durchbeißt. In dieser Zeit lebt er streng vegan. In luftiger Höhe von bis zu 12m beginnt der lichtscheue Geselle dann mit der Verrichtung seines zerstörerischen Werkes. Mit seiner ange-borenen Lichtallergie bleibt es ihm verwehrt, die Beute (Käferlarven, Spinnen, Insekten) knapp unter der Baumrinde von außen her zu erbeuten. So muss er notgedrungen den Baum von der Stammmitte aus bis zum inneren Rand der Rinde aufbrechen, um an seine Nahrung zu gelangen. Durch den hierdurch entstehenden Hohlraum, manche Wissenschaftler sprechen auch vom Holraum, wird die Statik des Wirtsbaumes mittelfristig erheblich gestört, bis dieser schließ-lich seine Stabilität vollends verliert und es ihn buchstäblich umwirft. So kam dieses Tier zu seinem Namen.

Es versteht sich unter diesen Umständen beinahe von selbst, dass der Baumwurf keineswegs wie sein Vetter, der Maulwurf, in den Genuss einer Schonfrist gelangt und vom Wald- bzw. Obst-baumbesitzer allzeit und mit großem Nachdruck unnachsichtig das ganze Jahr über verfolgt wird.

Was lernen wir daraus?

1. *Auch unscheinbare Kleinewüchsige können umwerfend wirken.*
2. *Ein Hohlraum an der richtigen Stelle verweist nicht immer auf einen Mangel an Intelligenz.*
3. *Durch unterirdische Wühlarbeit hat es schon manch einer in große Höhen geschafft.*

Der Kaiman-Axolotl

(lat: axolotulus caimanus mexicanus)

In einer Höhle in Mexiko
forscht einst ein Forscher einfach nur so.
Sein Forscherdrang war voller Gier
und schließlich fand er ein neues Tier.
Es glich irgendwie einem Krokodil,
jedoch unterschied sich's auch ziemlich viel
von diesem, es war nämlich viel zu klein.
Drum konnt' es auch gar kein Krokodil sein.
Es hatte da, wo sonst Wangen am Kopf,
was Komisches, das sah aus wie ein Zopf.
Nur nicht geflochten, eher wie ein Zottel.
Kein Wunder, es war ja ein Axolotl.

O je! - So ein Trottel!

Der Grund dahinter:

Den in dem Gedicht genannten Forscher gab es wirklich. Eigentlich beschäftigte er sich von Hause aus mit der Erforschung des gemeinen Fußpilzes (tinea pedis). Nach Mexiko war er nur ge-kommen, um dort Urlaub zu machen und für eine lange Weile größeren Abstand von seinem Forschungsgegenstand zu bekommen. Sein

Forscherdrang war aber so stark entwickelt, dass er sich bei einem Höhlentrip nicht zurückhalten konnte. Mit einer Lampe am Helm wagte er sich gegen den Rat einheimischer Fremdenführer allein in die Tiefe der Höhle vor. Er suchte nicht nach etwas Bestimmtem, sondern ließ sich von seiner Umgebung, den Gesteins-formationen, den Gerüchen und den Wassertropfen an den Felswänden inspirieren und von der schwülen Luft transpirieren. Es wäre eigentlich auch alles gutgegangen, hätte er sich nicht, plötzlich aus dem Gleichgewicht geraten, an einem vermeintlichen Holzstück festhalten wollen, was im gemächlich dahinfließenden, knietiefen unterirdischen Bach auf ihn zu geschwommen kam. Die Balance verlierend griff er danach und vermisste unmittelbar anschließend drei Finger. Erst allmählich wurde ihm klar, dass dieses vermeintliche Stück Holz ein mit scharfen Zähnen bewehrtes Getier war, das mit einem faserigen und mit bizarren Auswülsten versehenen Fell bestückt war. Die Maserung auf dem Rücken ließen es wie ein Holzstück erscheinen. - Nachdem nun sein Greifwerkzeug beschädigt worden war und ein höllischer Schmerz seine Resthand durchfuhr, fasste er sich ein Herz und griff beherzt mit der verbliebenen noch vollständigen Hand in den Nacken des seltsamen Wesens mit den seltsamen Zotteln auf

Wangenhöhe und tütete es in seine Butter-
brotdose ein. Sodann wandte er sich seiner
Verwundung zu, fand aber seine verloren-
gegangenen Fingerglieder auf die Schnelle nicht
mehr, was ihn sehr verdrießlich stimmte, waren
es doch ausgerechnet die Finger an der rechten
Hand. Erst in der Muße des erzwungenen
Krankenhausaufenthalts gelang es ihm, das
nzwischen in ein großes Terrarium zwangsüber-
gesiedelte Tier genauer zu begutachten. Die
Sensation war perfekt, er hatte ein Mischwesen
aus Kaiman und Lurchlarve entdeckt, also etwas,
das bislang nicht für möglich gehalten wurde.

Inzwischen lebt der Kaiman-Axolotl im Zoo von
Mexico City und wird von Menschen aus aller
Welt bestaunt, darunter auch von vielen
Forschern.

Der Entdecker dieses Tieres war aber nicht
nachtragend, sondern beschäftigt sich inzwischen
wieder leidenschaftlich mit seinem eigentlichen
Forschungsgebiet, dem Fußpilz.

Es wird übrigens nicht empfohlen, sich ein
solches Tier zu Hause im Terrarium zu halten, es
bevorzugt nämlich Fingerfood, übrigens auch von
Linkshändern.

Was lernen wir daraus?

1. *So manch ein Fehlgriff wurde schon zum Glücksgriff.*
2. *Auch mit nur zwei Fingern an einer Hand kann man noch Weltruhm erlangen.*
3. *Nicht jede Art des Fingerfood ist gewinnbringend und schmackhaft, dient jedoch immer der Ernährung.*

Der Karnewal

(lat. Cetacea Odontoceti carnevalis)

Im Ozean vor Grönland droben
da kann man sehn´ der Wale Toben.
Wenn sie im Frühjahr jagen gehen,
dann hilft kein Betteln, hilft kein Flehen
vom Seehund und vom Walross auch,
denn es ist lange schon der Brauch:
Im Februar da muss es sein,
da muss Fleisch in den Magen rein.

Der Grund dahinter:

Es ist jedes Jahr ein immer wiederkehrendes faszinierendes Schauspiel für die Ureinwohner Grönlands, die Inuit, wenn sie vom Strand aus das Gemetzel des größten Raubwals beobachten, der in organisierter Formation die wehrlosen Robben und Seerösser zunächst umzingelt und dann erbarmungslos über sie herfällt. Es ist schier unglaublich, welche Unmengen Fleisch eine solche Walherde zu verschlingen imstande ist. Die Inuit beobachten das mit sehr gemischten Gefühlen, denn diese Meeresriesen sind in diesen Februartagen die größten Konkurrenten für das grönländische Volk der Robbenjäger. Denn die Robben dienen ihm nicht allein wegen ihres wertvollen Fleisches als Proteinquelle, sondern seit Jahrtausenden auch als Rohstofflieferanten für Werkzeug und Kleidung aller Art. Und trotzdem blicken sie in diesen Tagen respektvoll auf das Meer, das sich vor ihren Augen blutrot verfärbt. Wir dagegen kennen den Wal eher als gutmütigen Ozeanriesen, der mit seinem Gesang seit Jahrtausenden die Unterwasserwelt der großen Meere erfreut und somit Weltruhm erlangte, der allzu oft menschlicher Gier zum Opfer fiel und der dadurch in seiner Art bis heute stark gefährdet ist. Wie kann ein so künstlerisch veranlagtes Wesen nur so grausam auftreten? Das ist in der Tat sehr merk-würdig, zumal sich der Karnewal den Rest des Jahres streng vegan ernährt und demzufolge konsequent selbst Eier und Milchprodukte verschmäht. In dieser Hinsicht ist er kompromisslos. Des Rätsels Lösung liegt in seiner Fähigkeit begründet, eine kulturell stark ausgeprägte Anpassung im sozialen Familienverband zu entwickeln. In einer quasireligiösen Vergemeinschaftung bildete sich im Laufe von sehr vielen Jahrmillionen nach vorübergehendem Landgang eine eigenständige Walkultur heraus. Vermutlich kam er mit unseren Vorfahren, dem kulturell bereits besonders weit entwickelten Homo Sapiens, in Berührung, von dem er, so kann vermutet werden, übrigens auch die Kunst des Gesangs erlernte. Gesang und Religion sind, wie man ja weiß, in ihrem Ursprung ganz eng miteinander verknüpft und finden bis heute in der Form des religiösen Hymnus sowie des liturgischen Gesangs im Rahmen feierlicher Rituale ihren konzentriertesten Ausdruck. Kurzum, als der Wal von seinem kurzzeitigen Landausflug in vorgeschichtlicher Zeit in die Weiten der Weltmeere zurückkehrte, vermutlich abgeschreckt vom Verhalten der inzwischen auf die Weltbühne getretenen Menschengattung Homo Sapiens Sapiens, brachte er eine frühe Form religiös geprägter Kultur mit und integrierte diese in seine Walheimat. Eine hohe zivilisatorische Leistung, die man nicht geringschätzen darf. Von seiner zeitlich begrenzten Exkursion brachte er vermutlich auch den religiösen Brauch des Fastens mit, der ja bis heute auch in fast allen menschlichen Weltreligionen, wenn auch in vielfältig verschiedenen Deutungszusammenhängen, vorhanden ist. Leider wissen wir über die Gottesvorstellung dieser Walart bislang nur sehr wenig, jedoch scheint der üppige Fleischgenuss nur für sehr kurze Zeit erlaubt zu sein, vermutlich auch nur als Zugeständnis an die von der Natur vorgegebenen Notwendigkeit der Fortpflanzung, für die tierische Proteine unerlässlich sind. Darauf verweisen auch die mit der Jagdsaison parallel einsetzenden Balz- und Paarungstänze der Karnewale, die mit zahlreichen lebhaften Gesängen und seltsam anmutenden rhythmischen Bewegungen einhergehen. Darüber hinaus bilden sich auf Rücken und Bauch dieser Tiere, selbst im Kopfbereich für wenige Tage bunte Streifen und Flecken in allen Farben des Regenbogens. Nach wenigen Tagen verschwinden diese clownesken Streifen wieder und es folgt dann eine lange Zeit der Ruhe, bevor sich die Herde wieder auf den Weg in planktonreiche Gewässer begibt, wo sie dann nach mehreren Monaten ihre Jungen und Mädchen zur Welt bringen. Dort wird keusch und vegan der Rest des Jahres verbracht, bevor sich dieser Zyklus zwischen den Eisbergen des Nordatlantik wiederholt.

Was lernen wir daraus?

1. *Auch auf den ersten Blick friedlich wirkende große Tiere können sich vorübergehend in brutale Bestien verwandeln.*
2. *Religionen können bisweilen gefährliche Nebenwirkungen entwickeln.*
3. *Bunt ist nicht immer lustig. Vor allem nicht im Februar.*

Der Makakenspinner
(lat. macacus nertus africanus)

Nacht ist's im tiefen Urwald wieder,

das Volk der Makaken legt sich nieder.

in des Baumes Wipfel im Affenbett

wiegt der Makakenhäuptling sich fett.

Tausendmal berührt

Tausendmal ist nix passiert

Tausendmal hat's nicht geklappt

– dann hat er zugeschnappt.

Der Grund dahinter:

Man ist versucht beim ersten Hören des Wortes Makakenspinner, dabei an einen mehr oder weniger verrückten oder durchgeknallten Affen zu denken. Aber man unterschätze die Affen bitte nicht. Bei den Makaken handelt es sich nämlich unbestreitbar um einen nahen Verwandten des Homo Sapiens, nur deutlich kleiner, jedoch nicht viel weniger geistbegabt. Nun hat er im Urwald natürlich auch viele Feinde. Doch so leicht lässt er sich nicht hinters Licht führen und erjagen. Da bedarf es schon einer besonderen List und vor allem einer erheblichen Heimtücke, um dieses intelligente Tier zu ernährungsspezifischen Zwecken zur Strecke zu bringen. Der Makake schützt sich vor Fressfeinden gewöhnlich dadurch, dass er sich insbesondere nach Einbruch der Dunkelheit zu nachtschlafender Zeit in die oberste Etage eines großen Baumes in ein aus Astwerk und Blättern gestricktes Nest, ähnlich einer Hängematte, zurückzieht. Hierhin kann sich nämlich weder eine gefährliche Großkatze noch ein schwergewichtiger Bär wagen, ohne einen tödlichen Absturz zu riskieren. Das macht sich nun der Makakenspinner zunutze. Bei ihm handelt es sich um kein gewöhnliches Insekt, sondern um einen mit einem farbenfrohen und besonders prächtigen Flügelgewand versehenen Schmetterling, der tagsüber als lustiger, aber leicht flatterhafter Geselle mit formvollendeter und ausdrucksstarker tänzerischer Choreografie, dem Tanztheater von Pina Bausch nicht unähnlich, durch das Geäst eines oder mehrerer Bäume segelt und durch seine ästhetisch anmutenden Bewegungen und seine farbenfrohe

Gestalt bei allen Mitbewohnern des bäumlichen Habitats für gute Laune sorgt. Den gewöhnlichen Makaken erfreut es in besonderer Weise, da dieser als hoch-intelligentes Wesen auch über ein gewisses und durchaus differenziertes Kunstempfinden verfügt. So entwickelt sich starkes Zutrauen und zugleich schwindet die Angst vor diesem sehr selten vorkommenden neuen Baumbewohner. Was der Affe in der Regel nicht bemerkt, das sind die scharfen seitlich im Gebiss angeordneten Reißzähne des Insekts, welche durch eine geschickte Zeichnung am prächtig ausgearbeiteten Kopfschmuck perfekt und unauffällig in die Gesichtszüge integriert sind, sodass sie erst bei genauerem Hinsehen erkannt werden können. Die Flatterbewegungen sowie das verzaubernde Aussehen dieses Raubinsekts, das nie zur Ruhe zu kommen scheint, erschwert das exakte Hinsehen und somit bleiben die grausam scharfen Reißzähne meist unentdeckt.

Am ganz späten Nachmittag, während sich das Makakenvolk in den mittleren Etagen des Baumes aufhält, um die Abendmahlzeit vorzubereiten, vorzugsweise Affenbrot genannt, beginnt der Makakenspinner mit seinen Vorbereitungen für den eigentlichen Raubzug. Er inspiziert die Baumkrone und sucht sich zunächst ein repräsentatives Makakennest aus, um dann sogleich über demselben ein Fallnetz anzulegen, das mit einer Reißleine versehen ist. Sodann zieht er sich ein paar Meter mit dem Ende der Reißleine zurück und lauert im Blattwerk oberhalb, bis das Affenvolk seinen Schlafplatz aufgesucht hat. Nachdem die Dunkelheit hereingebrochen ist und das Schnarchkonzert der Affenbande die übrigen Geräusche des Urwalds übertönt, ist der Moment gekommen, wo die Falle zuschnappt. Die Reiß-leine wird gezogen und das Netz breitet sich sanft und geräuschlos über einen Schlafenden aus. Da das Netz mit winzig kleinen Tröpfchen eines Nervengiftes - dem einer Kobra nicht unähnlich - versehen ist, tritt wenige Minuten später eine Totallähmung des Opfers ein. Es erstickt und der Spinner kann nun in aller Seelenruhe sein Opfer zunächst vorkauen, um es schlussendlich auszu-saugen. Übrig bleibt nur ein von Fell locker umflortes fleischloses Skelett. Die überlebenden Affen haben natürlich wie stets davon nichts mitbekommen und können sich am nächsten Morgen das plötzliche Ableben ihres Oberaffen nicht erklären. Noch am gleichen Tag wählen sie einen neuen Oberaffen.

Was lernen wir daraus?

1. *Exotische Schönheiten wirken bisweilen einschläfernd.*
2. *Eine ästhetisch ansprechende künstlerische Darbietung kann gefährlich werden, wenn man sie falsch interpretiert.*
3. *Etwas nur anzuschauen, ohne es anfassen zu können, bringt es nicht.*
4. *Auch Menschen brauchen Oberaffen.*
5. *Oberaffen sind nicht unersetzbar.*

Der breitbeinige Wamskegler

(*lat. Volvator ventris)*

Was steht in der Steppe und krault sich am Bauch?
Jetzt spreizt es die Beine und mispelt den Schlauch.

Dann streckt es sich nieder und lächelt dabei.
Es dauert nicht lange, dann legt es ein Ei.

Nun kugelt's den Kegel und kratzt sich am Knie, das ist seine Stunde: Jetzt oder nie!

Der Wams wird gekugelt, das Ei ist gelegt.
Der Nachwuchs kann kommen, ganz unaufgeregt.

Der Grund dahinter:

Es ist kaum zu glauben, aber dennoch ziemlich wahr: Beim Wamskegler handelt es sich um die einzige Robbenart, die in einer Steppenlandschaft lebt. Wie es der Name schon nahelegt, ist das Tier mit der Kegelrobbe weitläufig verwandt, was sich auch schon leicht von weitem an der wankend watschelnden Fortbewegungsart erahnen lässt. Nun stellt der naturwissenschaftlich Vorgebildete natürlich sofort die vollkommen naheliegende wie berechtigte Frage, was diese Robbenart in die trockenen Gefilde der zentralnordamerikanischen Prairie verschlagen hat, zumal es dort nur extrem wenige Fische gibt, die eine zuverlässige und proteinreiche Nahrungsquelle für alle Robben-arten bilden. Außerdem fehlt auch völlig die an den Küsten üblichen Litoralzone, die einen seichten Übergang zwischen Land und Meer kennzeichnet mit all ihrer typischen Flora und Fauna. Nun, die Verlandung oder besser Versteppung dieser singulär lebenden Robbe vollzog sich über einen sehr langen und mit viel Mühsal beladenen Zeitraum. Vor ca. 32 Mio Jahren kam es einmal mehr zu einem tiefgreifenden Klima-wandel. Die Temperaturen auf der Nordhalbkugel fielen allmählich rapide und die kalifornische Küste vereiste ungefähr bis auf die Höhe von L.A. vollständig (amerikanische Primärglaciation) Nun geschah etwas sehr Merkwürdiges unter den Robben. Ein Teil der Population zog sich in südlichere und damit wärmere Gefilde zurück, ein anderer Teil jedoch wanderte flussaufwärts das Tal des Sacramento Rivers hinauf und stellte seine Nahrung auf Süßwasserfische um. Die gab es zunächst reichlich, jedoch wurde die Fisch-population aufgrund intensiver Bejagung durch die inzwischen dort heimischen Robben sehr ausgedünnt, sodass die ehemaligen Küstenbewohner erneut zum Wechsel ihres Lebensraums gezwungen waren. Sie schwammen nun auch die Nebenflüsse bergauf. Bald waren die Gewässer nur noch kleine Rinnsale und so musste die Reststrecke zu Fuß bewältigt werden. Da sich im Oberlauf der Bäche nicht mehr genügend Fische finden ließen, mussten die ursprünglichen Meeressäuger ihre bisherigen Nahrungsgewohnheiten umstellen. Sie bejagten fortan alles, was sich fangen ließ, sogar Vögel. Die Anpassung ging im Laufe der Zeit so weit, dass die inzwischen zum Wamskegler mutierten Tiere sogar das Eierlegen ihrer Beutetiere zu kopieren begannen, um deren Sympathie zu gewinnen. Die Beutevögel sahen in den brütenden Wamskeglern nun bodennah lebende Artverwandte und es ist schon beobachtet worden, dass sie diesen etwas unbeholfen wirkenden Tieren sogar mitleidsvoll beim Nestbau halfen, da sie darin eine weitaus längere Erfahrung mit arttypischer Tradition hatten.

Die Wamskegler haben es ihnen aber bis heute nicht gedankt. Wenn das mal nicht das Verhältnis zu den Vögeln auf Dauer schwer belastet!

Was lernen wir daraus?

1. *Kegelbrüder sind keineswegs harmlose Gesellen.*
2. *Nur die anpassungsfähigsten Individuen können überleben.*
3. *Erwarte von Keinem Dankbarkeit, sonst bist du meist selbst der Gekniffene.*

Die Höhlenbeutelrobbe
(lat. Pinnipedia saccus cavernae)

Unwirtlich ist's in der Höhle Feuchte.
Es tropft von der Wand in die Stille des Raums.
Aber dennoch vermisset niemand ´ne Leuchte.
Und ebenso niemand den Schatten des Baums.

Die werdende Mutter, geduldig sie wartet.
Das Ei ist gelegt und es wächst und gedeiht.
Der Nachwuchs alsbald in sein Leben startet.
Es ist schon lange dem Dunkel geweiht.

Der Grund dahinter:

Es nimmt keineswegs Wunder, dass die sehr
seltene Spezies der Höhlenbeutelrobbe so lange
unentdeckt geblieben ist, schließlich lebt sie in
der vollkommenen Abgeschiedenheit einer
Höhle an der bretonischen Atlantikküste. Es
war der pure Zufall, der zu ihrer Entdeckung
vor zwei Jahren führte. Ein bretonischer
Fischer, der spät abends nach getaner Arbeit
auf dem Nachhause-weg war, hörte damals ein

erbärmlich klingendes Geschluchze, das vom Meer herangeweht kam. Da er es nicht sofort einordnen konnte und im Zweifel war, ob da nicht vielleicht jemand dringend seiner Hilfe bedurfte, begab er sich vom sicheren Weg hinab an den Rand der Klippen. Was er da sah, erschütterte ihn zutiefst und erregte umgehend sein tiefes Mitgefühl. Vor seinen Augen spielte sich ein wahres Drama ab: Eine Kleingruppe von Minirobben, keine größer als ein Fischotter, robbte bei Ebbe über den schmalen Strand, immer wieder und wieder steckten sie ihre Schnauzen tief in den Sand und zerfurchten auf diese Weise allmählich den gesamten Strandabschnitt. Dabei sonderten sie Laute ab, die der Fischer nie zuvor gehört hatte, eine Mischung aus Jaulen, Schluchzen und Wimmern. Sie waren offenbar sehr aufgeregt und hatten augen- und ohrenscheinlich ein sehr ernsthaftes Problem. Da er den Grund ihres Missbehagens nicht ergründen und er deshalb auch nicht helfend eingreifen konnte, setzte er seinen Heimweg fort und berichtete am Abend in der Fischerklause von seinem Erlebnis. Bald hatte es sich herumgesprochen und erreichte nach wenigen Tagen auch einen Meeresforscher des meereskundlichen Instituts in Concarneau, der der Sache umgehend und mit großem Eifer auf den Grund ging.

Das Ergebnis seiner Nachforschungen hat überrascht: Diese kleinste aller Robbenarten lebt tagsüber im Schutz der Höhlen unter der Steilküste. Sie gehen nur nachts auf die Jagd und weil es da überwiegend stockdunkel ist, kommen diese Tiere auch gänzlich ohne Augen aus, sie sind quasi die Nacktmulle bzw. Maulwürfe unter den Robben. Die Orientierung im Habitat gelingt ausschließlich mit Hilfe eines angeborenen Sonarsystems ähnlich dem der Fledermäuse. Also könnte man sie genauso gut als Fledermaus unter den Robben bezeichnen, zumal ihre Fortbewegung unter Wasser ähnlich unstet verläuft wie der Flug einer Fledermaus.

Am sonderbarsten jedoch ist ihre Fortpflanzung. Obwohl den Säugetieren zugeordnet, ist sie zur Eiablage befähigt, ähnlich dem australischen Schnabeltier, weshalb sie, wenn auch weniger häufig, als Schnabeltier unter den Robben bezeichnet wird. Aber anders als Vögel oder Reptilien, legt sie ihr einziges Ei nicht irgendwo im Freien ab, sondern bewahrt es in einem Beutel vor dem Bauch in Magenhöhe auf. Damit es beim Jagen nicht aus dem Beutel gespült wird, besitzt dieses Ei einen pelzartigen

Besatz, so dass die Härchen eine innige Verbindung mit der ebenfalls bepelzten Bauchdecke im Inneren des Beutels eingehen können und so das Ei selbst bei stärkster Strömung geborgen ist. Bei näherer Betrachtung trat eine weitere überraschende Entdeckung zutage. 15 bis 19 Hafthärchen fielen dadurch auf, dass sie deutlich dicker sind als die übrigen Haare des Eipelzes. Das liegt daran, dass sie innen hohl sind. Sie haften nicht nur im Bauchfell des Muttertiers, sondern wachsen allmählich durch die Bauchdecke der Mutter hindurch, um sich dort mit Blutgefäßen zu vermählen. Auf diese Weise erfolgt die Versorgung mit Sauerstoff und Nährstoffen. Im Unterschied zum Vogelei vermag das Robbenei während der Brutzeit sein Volumen signifikant zu vergrößern. Nach etwa 14 Wochen erfolgt für gewöhnlich der Schlupf aus der Bauchhöhle hinaus in die Wohnhöhle hinein. Das Junge ist sofort schwimm- und jagdfähig, da es ja bereits stets während der Jagd hautnah dabei war und deshalb quasi automatisch mitlernte. Man könnte in diesem Kontext sogar von einer Eischule sprechen.

Bleibt noch zu klären, was es mit der großen Unruhe auf sich hatte zur Zeit ihrer Entdeckung durch den Fischer. Man nimmt an, dass ein

Muttertier sich während eines nächtlichen Jagd-
ausflugs zu sehr in die Nähe eines Schiffs-
schraubenwirbels begeben hatte und dadurch
das Ei im Beutel durch Unterdruck brutal aus
demselben gerissen wurde und verloren ging,
infolgedessen sich die Höhlenbeutelrobben-
familie auf die Suche nach dem verloren-
gegangenen Ei machte. Ironie der Geschichte:
Es geschah an einem Ostersonntag. Manche
Bretonen bezeichnen sie deshalb auch als
Osterhasen unter den Robben.

Was lernen wir daraus?

1. *Unter zu starkem Druck zu arbeiten, ist
   meistens kontraproduktiv.*

2. *Wer laut genug jammert und zusammen
   mit anderen jault, macht sich verdächtig.*

3. *Ostereier sucht man am Strand meist
   vergeblich.*

Aztekische Hüpfschnecke
(lat.: Cochlea salens aztecica)

In Mexiko, dem fernen Land

Da ward seit langem sie bekannt.

Sie schleimt hinauf von Ast zu Ast

Und ruht sich aus ganz ohne Hast.

Und kommt einmal ein Jagdgeselle,

dann springt sie einfach fort, die Schnelle.

Der Grund dahinter:

Für gewöhnlich sind Schneckentiere in ihrer Fortbewegung relativ behäbig und daher eigentlich leichte Beute für Fressfeinde. So müssen sie besondere Strategien entwickeln, um trotzdem mit dem Leben davonzukommen. Hausschnecken haben beim Verzehr einen hohen Knirschfaktor, sofern man sie mit Haus und Haar fressen will. Nacktschnecken hingegen tragen keine Mobilie auf dem Rücken, sie verderben dem Fressfeind die Laune durch miesen Geschmack und Übelkeit erzeugende Gerbstoffe. Durch Geräusch und Magen-grimmen abgeschreckt, hält sich die Anzahl der natürlichen Feinde in Grenzen. Die aztekische Hüpfschnecke verfügt jedoch nicht über die genannten Abwehr-mechanismen, denn ihr Gehäuse ist lediglich von hautähnlicher, ledriger Konsistenz und das Tier ist im Allgemeinen auch gut verdaulich. Ideales Futter also für viele Tiere, zumal proteinreich und wohlschmeckend. So musste sie eine andere Überlebensstrategie entwickeln. Durch einen über Abertausende von Generationen anhaltenden Trainingsfleiß bildete sich der Kriechmuskel allmählich mit einem Sprunggelenk aus, der Muskel selbst mutierte zum Muskelbündel mit hoher Kontraktionskraft und auch ihre Nerven verdichteten sich dergestalt, dass sie in die Lage versetzt wurden, sehr schnell auf optische wie auch taktile Reize zu reagieren. Das erklärt ihre beachtliche Sprungkraft, die ausreicht, um von Baum zu Baum zu springen, wenn es nötig wird. In der Luft verformt sich übrigens das flexible Haus flugs in eine breite Segelfläche, die besonders auch bei Aufwinden fluchterleichternde Wirkung zeitigt und, unterstützt durch flattrige Zuckungen, gegebenenfalls die Fluchtstrecke erheblich verlängert.

Zum Verhängnis wurde ihr jedoch unglücklicherweise eine Hungersnot bei dem Volk der Azteken, bereits lange Zeit vor der spanischen Eroberung. Nach mehreren Missernten hinter-einander suchten die indigenen Ureinwohner Nahrungsergänzungsmittel und stießen bei ihrer Suche im Urwald auf besagte Hüpfschnecken. Bald wurden Netze aufgespannt und die verstörten Tiere verfingen sich bei der Treibjagd massenhaft darin. Deshalb gilt die Hüpfschnecke heute als ausgestorben. – Schade eigentlich!

Was lernen wir daraus?

1. *Die Entdeckung der Langsamkeit ist kein Garant fürs Überleben.*
2. *Kriechen führt nicht immer zum gewünschten Ziel.*
3. *Ein flexibles Eigenheim verleiht Flügel und ist mit Gold nicht aufzuwiegen.*

Die Niko-Laus

(lat. pediculus nikensis)

Sie saß mit roter Zipfelmütze
am Grunde einer flachen Pfütze.
Doch als ein Hund hinein dort tappte,
da griff sie zu, die Rotbekappte.
Im Fell trug er sie dann nach Haus,
die rotweißrote Nikolaus.

Der Grund dahinter:

Wenn von *dem* Nikolaus die Rede ist, dann stellt sich der erfahrene Leser gewöhnlich einen alten Mann mit weißem Bart und spitzer Bischofsmütze vor. Die meisten Menschen im christlichen Abendland verbinden mit dieser Gestalt ein gütiges Wesen, das regelmäßig in der Nacht vor dem 6. Dezember aus dem Himmel von Wolke Sieben hernieder fährt und den lieben Kinderlein süße Lebkuchen und andere himmlische Labung in die Schuhe schiebt, welche von den lieben Kleinen bereits am Abend zuvor in Habacht-haltung paar- und vorzugsweise vor der Haustür erwartungsfroh in Stellung gebracht wurden. Die immer wiederkehrende Freude am anderen Morgen bringt auch uns Erwachsene in vorweih-nachtliche Verzückung und zaubert Freuden-tränen der Rührung auf unser Antlitz.

Wer denkt in solchen Momenten schon an ein vom treuen Hund eingeschlepptes garstiges Insekt, das den regelmäßig in Erscheinung tretenden vorweihnachtlichen Familienstress noch auf die Spitze zu treiben vermag? Und das geschieht in den letzten Jahren immer häufiger.

Was hat es nun mit diesem lästigen Gesellen auf sich? Wie bei Läusen allgemein üblich, setzt auch diese rotweißrot gestreifte Niko-Laus nach einer Frist von ca. ein oder zwei Wochen einen gezielten Stich durch die Haut, um im zweiten Schritt mit einer sehr geringen Menge eines Blutverdünners und Gerinnungshemmers den üppigen Tisch zu bereiten. Nun erst erfolgt mit Hilfe eines Unterdrucksaugrüssels der meist erfolgreiche Abpumpvorgang. Während nun infolge des Blutverlusts sich beim Wirtstier eine starke Müdigkeit verbunden mit erkennbarer Blässe im Gesicht einstellt, vergrößert die Niko-Laus allmählich ihr Körpervolumen um ein mehreres Vielfaches. Ist sie bis zum maximalen Dehnungsumfang abgefüllt, löst sie sich mit einem fast unhörbaren leichten Schmatz-geräusch vom Wirtstier und kullert aus dem Fell auf den Teppich. Dort wird sie nicht selten von einem Kind gefunden, das diese Erscheinung für eine echte Christbaumkugel hält und sie mit Hilfe des hakenförmigen lang geratenen vorderen Bein-paars am Weihnachtsbaum als vermeintlichen Baum-schmuck befestigt. Meist fällt das nicht weiter auf, weil in unseren Breiten ein Christ-baum in der Regel überaus üppig und nicht immer geschmackvoll ausgestattet ist, Die rotweißrot gestreifte, etwas absonderlich anmutende Kugel wird toleriert, obwohl keiner sich ihre Herkunft so wirklich erklären kann, weil der ehrliche Finder beharrlich schweigt. Da in der Zwischenzeit allen Familienmitgliedern nicht verborgen geblieben ist, dass ihr Hund ein ganz armes Schwein ist, dessen Ableben möglicherweise zeit-nah bevorsteht, ist nicht nur guter Rat teuer, sondern nach Inanspruchnahme des tierärztlichen Notdienstes auch die spätere Rechnung vom Veterinär, der sich allerdings meist die extreme Blutanämie auch nicht recht erklären kann.

Der Rest ist schnell erzählt. Die Niko-Laus ist auch müde und verdaut gemächlich im freien Hang zwischen all den anderen Kugeln und wartet ab. Irgendwann nach Neujahr wird der Baum dann abgerüstet. Die völlig zu Unrecht als geschmacklos eingestufte rotweißrote Kugel wird nicht weiter beachtet. Man lässt sie wie üblich einfach hängen und entsorgt sie zusammen mit der Weihnachtsbaumleiche neben den Mülltonnen. Nun erst setzt sich die Niko-Laus wieder in Bewegung und zieht sich nachts in den Vor-garten zurück. Dort verdaut sie weiter und wartet das Jahr über bis zum nächsten vorweihnachtlichen Besuch durch eine Katze oder einen Hund. Und so wiederholt sich der Zyklus dann im nächsten Dezember.

Was lernen wir daraus?

1. *Der Nikolaus hat keine Frau.*
2. *Es lohnt sich der Verzicht auf Baumschmuck in Kugelform.*
3. *Obacht vor geschmacklosen Christbaumkugeln, manche schmecken entgegen jeglicher Erwartung nach Hundeblut.*

Der Rattengackler

(lat. Mus gigans cacillanda)

Im Hühnerstall bei Tante Berta

Ist spät abends noch das Licht aa.

Beim letzten Rundgang wird getestet,

ob eins der Hühner ist gebrestet.

Im Stall, da ist es schon fast dunkel,

so lauscht die Bäu'rin dem Gemunkel

der Hennen und dem stolzen Hahn,

den hat sie aus Afghanistan.

Sie zählt es durch, das Volk der Hennen,

dann geht zum Haus sie um zu pennen.

Doch was im Dämmerlicht nicht klar,

dass dort versteckt ein Gackler war.

Der Grund dahinter:

Der Rattengackler gehört zu einer sehr besonderen Art von Säugetieren (lat. Mammalia), der sich auf den ersten Blick nicht leicht zu erkennen gibt, auch deshalb, weil er bevorzugt nachtaktiv ist. Obwohl Kulturfolger tritt er als eher scheuer Geselle in Erscheinung. Selbst bei seltenen Begegnungen mit Menschen wird er nicht wirklich und vor allem seinem scheuen Wesen nach nicht erkannt. Das liegt daran, dass er einer gewöhnlichen Landratte zum Verwechseln ähnlich sieht. Seiner ursprünglichen Existenz als gemeine Wander-ratte entfremdet, hat er auch deren Lebensweise über Bord geworfen und die Ernährung radikal umgestellt. Im Laufe evolutionärer Anpassung verschmäht er Getreide, sowie andere pflanzliche Nahrung und ist auf den Geschmack von stark domesti-ziertem Geflügel gekommen. - Damit er in dessen Domizil, z. B. dem streng bewachten und mit allerlei Siherheitsmaßnahmen versehenen Hühnerstall gelangen konnte, musste er im Laufe der Zeit eine List entwickeln, um seiner Beute nahe zu kommen. Durch jahrelange intensive Beobachtung spähte er, so der

Rattenforscher Prof. Dr. hc. Erwin Holzbichler von der Universität Innsbruck, die Geflügel- bestallung aus und entdeckte dabei den allabendlichen Kontrollgang der Bäuerin. Der immer selbe Ablauf brachte das rattige Hirn schließlich in Wallung und der überaus und überdurchschnittlich intelligente Säuger mit einem am landwirtschaftliche Institut für postagrarische Bewirtschaftungsformen an der landwirtschaftlichen Hochschule in Hohen- heim bei Stuttgart 1999 ermittelten IQ von 143,57 entschloss sich für das Programm fremdsprach-licher Weiterbildung, hatte er doch bemerkt, dass besagtes Hühnervolk sich durch artspezifische Laute in den Schlaf gackerte. Dieses leicht betäubende Gegacker versetzte die Tiere in eine Art vorschlafliche Trance, die dem Beutejäger sehr entgegen kam. Wenn auch er nun diesem Gegacker seine erlernte Fremdlautung zugesellte, so fiel er nicht aus der Rolle und hatte schließlich ein leichtes Spiel. Durch sich häufende Erfolge übertrug sich diese Lernfähigkeit ins Erbgut, so dass nach vieltausendfacher Überlieferung heutzutage jedes Rattengacklerjunge den fremden Code von Geburt an beherrscht.

Lauttarnung bei Dämmerlicht war aber nur die eine Seite, die Physiognomie dagegen war nicht weniger herausfordernd. Wo sollte der Ratten-gackler das Federkleid hernehmen, wenn nicht stehlen. Auch dieses Problem hat der intelligente Geselle auf höchst originelle Weise gelöst, wie ich finde. Jeder der schon mal einen Hühnerstall von innen gesehen hat, weiß, dort liegen viele federliche Hinterlassenschaften unsortiert auf dem Boden herum. Das liegt daran, dass die Spezies Huhn nicht parallel zur gleichen Zeit mausert und deshalb jederzeit irgendein Tier oder ein paar davon sich in der Mauserei befindet. Somit ist stets genügend Baumaterial für ein künstlich anzulegendes Federkleid vorhanden. Der Rattengackler hat nun durch das Prinzip „Try and Error" herausbekommen, dass diese Federn besonders gut am eigenen Fell haften, wenn man dieses vorher genügend einspeichelt. Nun musste er nur noch einen freien Platz auf der Stange erobern und im Chor dezent und vorsichtig in die allgemeine Gackerei einstimmen. Damit war die Tarnung perfekt. Im diffusen Dämmerlicht einer Stalllaterne hatte somit auch die Bäuerin keine Chance, den unerwünschten Eindringling auf-fliegen zu lassen. Sie verdächtigte meist diverse andere Tiere, wie z.B. den Marder, den Fuchs, den Habicht, den Hecht und nicht zuletzt die eigene Hauskatze. Diese musste im Zweifel dann alles alleine ausbaden (Hausarrest war noch eine harmlosere Variante). Wie wir inzwischen wissen: sehr zu unrecht.

Was lernen wir daraus?

1. *Das intensive Erlernen einer Fremdsprache ist nützlich und lohnt sich.*
2. *Das bekannte Sprichwort: „Der frühe Vogel fängt den Wurm" ist in diesem Fall nicht anwendbar.*
3. *Wer sich mit fremden Federn schmückt, kann sich das Tischgebet ersparen.*

Die Australische Rennkoralle
(lat. Corallium prosternens australii)

Es bebt der Ozean, der Stille

Man sieht's von Deck auch ohne Brille.

Des Wassers Oberfläche kräuselt

sich und der laue Wind, er säuselt.

Ein großer Schatten fliegt vorbei,

Es ist kein Fisch, kein Wal, kein Hai.

Der Fachmann sieht's in jedem Falle:

Dort huscht vorbei die Rennkoralle.

Der Grund dahinter:

Gemeinhin weiß ein jeder, dass es sich beim Stillen Ozean, auch Pazifik genannt, seit alters her um ein friedliches Großgewässer handelt, das so schnell nicht aus der Ruhe zu bringen ist, wäre da nicht die äußerst unruhige Rennkoralle. Nun verharren gewöhnliche Korallen zumeist ortsfest auf einem Riff und bauen im Laufe von Jahr-tausenden gewaltige Korallengebirge im Ozean auf. Die Rennkoralle bildet jedoch die Ausnahme, sie schweift flink knapp unter der Meeresober-fläche raumgreifend durch die Wasserwüsten des Pazifik umher, immer auf der Suche nach Nahrung. Da sie bevorzugt im großflächigen Verband nach Plankton Ausschau hält, verdunkelt sie durch ihren Schattenwurf die obere Wasser-schicht unter sich und simuliert auf diese Weise eine Wolke, die über das Wasser zieht. Pflanzliches Plankton bedarf ja bekanntlich zur Chloro-phylerzeugung des Sonnenlichts, damit es die Photosynthese betreiben kann. Schatten ist also ein natürlicher Feind der Meereswinzflora. Um nun dieses Photonendefizit auszugleichen, bewegt sich das geißelbestückte Kleinst-lebewesen (Flagellata) flugs an die Meeres-oberfläche, wo es sich dann in den Korallengeißeln verheddert, es also gleichsam in Geißelhaft genommen wird. Gegenwehr ist zwecklos, weil die Rennkoralle sofort mit der Verdauung beginnt. Das ganze hört sich nach einem grandiosen Erfolgsmodell der Evolution an, aber es gibt da leider auch eine traurige Kehrseite. Da die Rennkoralle einen hohen Bewegungsaufwand betreibt, verbrennt sie entsprechend Unmengen an Energie, d.h. sie benötigt dadurch natürlich auch Unmengen an Plankton. Dies wiederum hat die Fischer an der australischen und der neuseeländischen Küste auf den Plan gerufen, da die Fischpopulation durch diesen Nahrungskonkurrenten natürlich sehr ins Hintertreffen geriet. Nun machten die Fischer aus der Not eine Tugend: Sie fingen nun weiterhin Fische, zusätzlich aber auch die flinke Renn-koralle, die an Land zu Schmuck verarbeitet wird. Man sagt, dass die letztgenannte Nutzung inzwischen den größeren Gewinn abwerfe. Natur-schützer befürchten allerdings dadurch das Aussterben dieser Art und Greenpeace bereitet bereits, wie man hörte, militante Aktionen gegen das Fischereigewerbe vor. Ob das die Rennkoralle noch retten kann, wird von Biologen jedoch stark in Zweifel gezogen.

Was lernen wir daraus?

1. *Die Masse macht's.*
2. *Widerstand bei Geißelhaft ist meistens zwecklos, vor allem wenn die Verdauung zu früh einsetzt.*
3. *Wer zu schön aussieht, dem nützt auch das schärfste Kauwerkzeug nichts*

Die Storchenklitze
(lat. Ciconia cliscata)

Im Frühling, wenn die Wiesen grünen,

der Löwenzahn beginnt zu sprießen,

wenn Blütennektar lockt die Bienen,

dann ist es Zeit nicht zu verdrießen.

Die Kröte robbt sich vor zum Teiche,

    der Regenwurm durchwühlt den Acker,

am Wegrand kriecht die blinde Schleiche,

Frau Marder sucht sich ihren Macker.

Das ist die Zeit der Storchenklitze.

Mit ihrem heftigen Gekitzle.

Der Grund dahinter:

Die Storchenklitze ist eines der seltsamsten Wesen auf dem Planeten Erde. Sehr lange blieb sie unentdeckt. Erst als man sich wissenschaftlich mit dem Leben der Störche auseinandersetzte, trat sie unerwartet und nicht einmal sofort in Erscheinung. Sie lebt nämlich unter den Flügeln in den Achselhöhlen des Storchenflügels und ist ganz wesentlich dafür verantwortlich, dass Störche die lange Reise in den Süden Afrikas überstehen. Forscher haben herausgefunden, dass Störche aufgrund ihrer zarten Konstitution eigentlich gar nicht für das Ausdauerfliegen geschaffen sind und man hat sich gefragt, warum sie trotzdem Strecken bis zu 10 000 km fliegen können und das gleich zweimal im Jahr. Erst als man vor wenigen Jahren Störche mit Filmkameras ausstattete, um die Flugrouten zu erforschen, hat man die bahnbrechende Entdeckung gemacht, die das Rätsel des Langstreckenflugs erklären konnte. Die unter den beiden Flügeln angebrachten Flachbild-kameras offenbarten etwas Merkwürdiges. Immer wenn das Kopfprofil eines Storches zu sehen war, hatte man den Eindruck, dass der Storch wohlig lächelte. Wieder und wieder wertete man die Bilder aus, konnte aber für diese seltsame Erscheinung keine belastbare Erklärung finden. Bis eines Tages ein findiger Student an der Universität Straßburg während der fachgerechten Zerlegung eines Storches die Achselhöhlen genauer unter das Skalpell nahm. Er entdeckte am Flügelansatz ein glänzendes Etwas mit acht Beinen, acht Augen und einem langen Stechsauger am glatzhaarigen Kopf. Sofort dachte er an eine afrikanische Spinne, die als blinder Passagier in das schöne Elsass ausgewandert war, aber die genauere Untersuchung ergab, dass es zwar einige Spinnenmerkmale aufwies, sich aber dennoch von diesen erheblich unterschied, da es über zwei winzige Hautflügel-paare verfügte, die bei Spinnentieren so nicht vorkommen. Also hatte er sozusagen das Missing Link zwischen Insekten und Spinnen gefunden, eine Übergangsform also. War es nun Zufall oder besetzte dieses Tier gezielt eine ökologische Nische in der Achselhöhle des Storches. Der Jungforscher untersuchte nun noch andere Störche und siehe da, überall befanden sich in den Achselhöhlen besagte Storchenklitzen. Doch welche Dienste leistete nun diese Klitze ihrem Wirtstier, dessen Blut sie im Gegenzug trank? Eine lange Versuchsreihe brachte es schließlich zutage: Die Storchenklitze beobachtete ihr Wirtstier beim Flug genau und immer, wenn der Storch zu ermüden drohte, fuhr sie ihre zarten Hautflügel aus und versetzte diese in starke Schwingungen. Die Flügelspitzen berührten nun vibrierend die sehr empfindliche Achselhöhle des Storches, der, auf diese Weise gekitzelt, aufgeregt das Flügelschlagen fortsetzte, anstatt zum Landeanflug anzusetzen. Dieser Impuls führte dabei zu einem erhöhten Blutdurchfluss der störchischen Bliutgefäße im Bereich der Achselhöhle, sodass die Klitze voll auf ihre Kosten kommen konnte. Und der Storch steigerte schließlich im Laufe der Zeit seine Flugstrecke erheblich, bevor er sich dann erschöpft zum Ausruhen wieder niederließ. Eine typische Win-Win-Situation also zwischen Wirt und Gast. Und so ward schließlich das Rätsel des storchischen Langstreckenflugs gelöst.

Was lernen wir daraus?

1. *Auch Ausdauer will gelernt sein.*
2. *Winzige Impulse haben oft weitreichende Konsequenzen..*
3. *Mit einem Lächeln auf dem Gesicht kommt man oft am weitesten.*

Der Tenortölpel

(lat. Stupidor tenoris)

Ein Küken döst in des Nestes Mitte

Und wartet geduldig auf Mama Brigitte.

Was kömmt Das da geflogen, kreist über der Bucht?

Im Schnabel ein Fischlein, das ist ja 'ne Wucht.

Jetzt lässt sie sie fallen, die saftige Beute.

Es ist nicht der Tag der Brigitte heute.

Da legen sie los nun mit männlicher Stimme,

es klingt schon bedrohlich und voller Gegrimme.

Über die Bucht tönt ein männlicher Chor,

der Trauergesang der Tölpel Tenor.

Der Grund dahinter:

Ein Tier mit Namen Tölpel kann schlechterdings nicht zu den geschicktesten einer Art zählen. So ist es auch mit dem Tenortölpel, der vor der sibirischen Küste in der Beringsee lebt. Er bevorzugt ein Habitat mit felsiger Küste, gerne in einer Bucht. Als sehr geselliger und überwiegend schwindelfreier Vogel lebt er, wenn es irgend geht über Generationen hinweg in derselben Bucht, es sei denn, diese ist überbucht. Dann zieht es ihn nicht weiter als bis zur Nachbarbucht. Der Tenortölpel gilt als etwas schwerfälliger Jäger, dem es zwar nicht selten gelingt, einen Fisch im Sturzflug zu erhaschen, jedoch fällt dem ungeschickten Flieger die Bergung seiner Beute oft sehr schwer und so kommt es nicht selten vor, dass der erbeutete Fisch nach wenigen Metern wieder aus dem Schnabel zurück ins Meer fällt und dort sein Leben unbeschwert weiterführen kann. Der stets die Szene beobachtende und sehr hungrige Nachwuchs reagiert meist umgehend frustriert und beginnt ein herzzerreißendes mehrstimmiges Konzert. Man nimmt an, dass dieser Gesang, der an einen vielstimmigen Männerchor fortgeschrittenen

Alters erinnern lässt, den Pechvogel so sehr unter Druck setzt, dass dieser sofort zu einem neuen Jagdversuch aufbricht, weil er ein schlechtes Gewissen hat. Ohne dieses aufreizende akustische Signal könnte die Frustration zur Aufgabe der Jagd führen und damit eine erfolgreiche Aufzucht der Jungvögel sehr ernsthaft gefährden. Verwandte Arten der Familie der Tölpel sind die deutlich tieferstimmigen Basstölpel, und die höheren Stimmlagen werden vom Alttöpel beherrscht. Ein Soprantölpel hingegen ist noch nicht entdeckt worden. Es wird aber nicht ausgeschlossen, dass er dereinst irgendwann noch in jenselbigen nördlichen Küstenregionen gefunden werden könnte.

Vom musikalischen Standpunkt aus gesehen wäre es in jedem Falle wünschenswert.

Was lernen wir daraus?

1. *So manch einen Tölpel kann man zum Erfolg führen, indem man ihn laut genug anschreit.*
2. *Gefangen ist noch lange nicht gehangen.*
3. *Musik kann Herzen nicht nur erweichen, sondern bisweilen leider auch zerreißen.*

Die Grizzly-Maus
(lat.: mus grizzlia)

Im Pelz juckt's den Grizzly, drum nutzt er die Krallen
und kratzt sich den Rücken, das tut ihm gefallen.

Da sitzt was im Pelz und verhält sich ganz still,

weil es keinesfalls dort entdeckt werden will.

Jetzt kratzt es sich selber, das seltsame Ding,

weil es wohl selbst ein Getier sich einfing.

Der Grund dahinter:

Die Grizzly-Maus gilt als Beispiel für eine erfolgreiche Symbiose unter erschwerten Bedingungen. Und dies gleich in mehrfacher Hinsicht:

Sie entdeckte als proteinreiche Nahrungsquelle die blutsaugenden *Flöhe* im warmen und dabei den gegen ihre Fressfeinde wirksam schützenden Pelz des Grizzlybären. (Fressfeind Nr. 1 war bis dato der nordamerikanischen Mäuseadler, der aufgrund der neuen Über-lebensstrategie dieser Nagetiere die Krise kriegte und deshalb heute nur noch sehr selten in den Weiten der nord-amerikanischen Prairie anzutreffen ist.) Die Flöhe wiederum befielen auch die Mäuse und versteckten sich nun wiederum am nur schwer zugänglichen hinteren Ende der Mäuse, womit sie sich eine weitere und für ihre Verhältnisse sehr ergiebige Nahrungsquelle in der Nähe des Ausscheidungsorgans erschlossen. Hier siedeln nämlich die für die eigene Verdauung sehr wichtigen Mikroorganismen - nützlich zur Fermentierung für die Aufschließung der zuvor vertilgten Nahrung.

Forscher der University of Anchorage (Alaska) Fachbereich „Mousing" haben 1999 herausgefunden, dass der **Grizzlymäusefloh** seinerseits als Wirtstier behaust ist, und zwar durch die ***Grizzlymäusefloh-Zwergmagermilbe.*** *(lat. acarus nanarius muris grizzlia minimalis)*

Dieses vermutlich sehr seltene Tier wurde kürzlich vom Verband katholischer Öko-Landfrauen Südbadens, Ortsgruppe Tratschhausen, zur Milbe des Jahres 2014 vorgeschlagen. In der Laudatio heißt es wörtlich: *„Die* ***Grizzlymäusefloh-Zwergmagermilbe*** *wurde zwar zusammen mit dem als reblausresistenten wilden Wein, der jedem Winzer heute als Grundlage für* seine Edelsorten dient, schon am Anfang des 20. Jahrhunderts aus Amerika nach Europa eingeschleppt, jedoch erst viel später entdeckt. Da hier bislang keine Grizzlybären in freier Wildbahn vorkommen, musste sich die **Grizzlymäusefloh-Zwergmagermilbe** umorientieren und suchte sich daraufhin den **Katzenfloh** (lat. palex felis) als neuen Wirt. Als in der Mitte des 20. Jahrhunderts sich eine Mäuseplage über die Weiten Badens ausbreitete und die Katzen hoffnungslos überfordert schienen, bemerkte man nach einiger Zeit, dass das Verhalten der Katzen sich allmählich zuungusten der Mäusepopulation entwickelte. Man entdeckte in diesem Zusammenhang die Existenz der **Grizzlymäusefloh-Zwergmagermilbe** und bekam durch gezielte Feldforschung heraus, dass zu Beginn der Plage eine Katze lediglich bis zu einem Zwölftel ihres Eigengewichts pro Tag an Mäusen fing und verzehrte. Im Laufe der Jahre steigerte sich ihre Fangrate dergestalt heftig, dass gegen Ende der Plage in den späten siebziger Jahren eine land-wirtschaftlich intensiv genutzte Katze ca. 42% ihres Lebendgewichts täglich in entsprechenden Mäuse-Einheiten zu sich nahm. Bedenkt man dabei, dass eine vollgefressene Feldmaus durchschnittlich nur über ein Gewicht von 49,46 g verfügt, eine *gemeine Hauskatze dagegen im Schnitt immerhin 41,8 cm lang ist, kann man erahnen, welche Unmengen an verzehrten Mäusen hier zusammengekommen sind. Die Wissenschaftler der landwirtschaflichen Universität Hohenheim machten die* **Grizzlymäusefloh-Zwergmager-milbe** *aufgrund von weiteren Untersuchungen dafür verantwortlich. Und zwar genauer gesagt ergab sich folgender Sachverhalt: Im Speichel dieser Milbe lässt sich ein extrem appetit-fördernder Botenstoff (das sog. Fressalia-Myxom) nachweisen.*

Ohne die **Grizzlymäusefloh-Zwergmagermilbe** *wäre es also nix mit dem guten und über die Grenzen Deutschlands hinaus so bekannten wie geschätzten Spätburgunder aus dem Badener Land."* - Soweit die bemerkenswerten Ausführungen der Landfrauen.

Man darf aber nicht verschweigen, dass die Dorfkatzen leider in der Zeit der Mäuseplage ein nicht unerhebliches figürliches Problem hatten, das einherging mit oft lebens-verkürzenden Erkrankungen wie Bluthoch-druck (*Hypertonie*), Zuckerkrankheit (*Diabetes Mellitus*) und Fettleber *(Lecur Pinguinacis)*

Noch einmal zur Erinnerung: Alles begann in Amerika mit der Grizzly-Maus.

Was lernen wir daraus?

1. *Kleine Ursache – große Wirkung*
2. *Badische Landfrauen neigen zu erstaunlichem Weitblick.*
3. *Zu viele Mäuse sind ungesund.*

Baumelefant

(lat. elephas silvestris)

Es biegt sich der Baum. Es ächzt das Geäst.

Der Blätterwald bebt. Und schön ist's gewest!

Gegrunze, Geschmatz und Trompetengetöse.

Und Zweige prasseln. (Bis mittlere Größe)

Und Wipfel erzittern. Und Herzen entbrannten.

Hochzeit ist heut. Bei den Baumelefanten.

Der Grund dahinter:

Bekanntlich gingen beim letzten durch weltweiten heftigen Vulkanismus verursachtes Waldsterben vor ca. 28.373 Jahren die riesigen Mammutbäume auf der Nordhalbkugel unserer Erde fast vollständig zugrunde.

Dem auf ihnen lebenden Mammut misslang die Anpassung als Bodentier, nachdem der Klimawandel die bis dahin subtropischen Landschaften Sibiriens in kalte Tundrengebiete verwandelt hatte. Lediglich das Baum-Rentier schaffte den weiten Weg zum Boden, ohne größeren Schaden zu nehmen. Wahrscheinlich half ihm dabei sein ausladendes Geweih entscheidend. Das Mammut jedoch starb aus, jedenfalls beinahe.

Eine Untergattung, der „Baumelefant", konnte sich nämlich anpassen: Er zog über Afghanistan, Persien, das Zweistromland, sodann über die syrisch-palästinische Landbrücke nach Süden, fiel dann zunächst in Nordafrika ein und besiedelte wenig später die Bäume der kaum zugänglichen und vom Menschen unbewohnten tropischen Wälder Zentralafrikas.

Bis heute nicht geklärte Ursachen führten zu einem Rückgang von Körpergröße und Gewicht auf durchschnittlich 3,4 m und unter 2.150 kg (erwachsene männliche Tiere). Doppeldaumen-Klammer-Hufe, einzeln schwenkbare Stoß-Greifzähne als auch den muskulösen jedoch recht kurzen Greifschwanz lassen die sehr lebhaften Tiere heute noch an das Ur-Mammut erinnern.

Sie stehen inzwischen auf der dunkelroten Liste der vom Aussterben bedrohten Tierarten, wenn sie mal nicht schon ausgestorben sind. Demzufolge stehen sie auch unter militantem Naturschutz und sind auf der Liste der Unesco zum Waldnaturerbe aufgeführt. Der Handel mit ihrem edlen Elfenbein ist daher strengstens untersagt, es sei denn, sie gäben dieses freiwillig her, was erfahrungsgemäß eher die Ausnahme ist.

Was lernen wir daraus?

1. *Nicht jedes hohe Tier hat zwangsläufig Bodenhaftung.*
2. *Wahre Größe kommt von innen, schützt aber nicht immer.*
3. *Auch ein Greifschwanz kann verkümmern.*

Zottelfrosch
(lat.: rana pellaria villosia)

Es war mal ein Frosch auf'n Kanaren.

Der hatte dort Kumpels in Scharen.

Doch die stritten nur rum.

Und quakten nur dumm.

Und zogen sich oft an den Haaren.

Der Grund dahinter:

Zottelfrösche sind direkte Abkömmlinge der sibirischen Pelz- (= Polar-) Frösche. Als Laich von Zugvögeln eingeschleppt, wurden sie auf den Kanarischen Inseln heimisch. Die einheimischen Guanchen haben ihnen lange Zeit heilende Kräfte zugeschrieben. Sie erlagen damit allerdings einem tödlichen Irrtum. Diese als Froschgranulat im Rahmen religiöser Feiern eingenommene vermeintliche Medikament führte nämlich regelmäßig zu vorübergehenden lästigen Durchfallerkrankungen, stets verbunden mit fiebrigem Hautausschlag (blaue Bläschen). Bei der Eroberung der Insel Teneriffa kam den spanischen Eroberern die Tatsache zugute, dass sie ihren entscheidenden Angriff kurz nach einer dieser besagten religiösen Feiertage starteten, so dass die Guanchen sich bald übergeben mussten und schnell zu einem auslaufenden Modell gerieten. So machte der Zottelfrosch sogar Geschichte. Aus dieser Zeit stammt übrigens auch der aus dem Spanischen übertragene Spruch: „Ich zeig Dir, wo der Frosch die Locken hat!" In der Folgezeit kamen dann die Ureinwohner den Zottelfröschen allmählich auf die Spur und jagten sie gnadenlos, so dass sie heute als ausgerottet gelten.

Zottelfrösche hielt man übrigens früher für sehr vertrauensselige, jedoch minderbegabte Tiere, die ein wenig träge und dümpelhaft durchs Unterholz der Lorbeerwälder krochen und sich bedingt durch ihr unglitschiges aber dafür griffiges Fell sehr leicht fangen ließen.

Was lernen wir daraus?

1. *Heiler leben bisweilen gefährlich.*
2. *Fragen Sie lieber Ihren Arzt oder Apotheker.*
3. *Minderbegabung ist manchmal doch kein Garant für Erfolg.*

Danksagungen

Mein herzlicher Dank für die Unterstützung und Beratung bei der technischen Herstellung dieses Buches gilt Reinhard Clement, ohne dessen Hilfe und Beratung dieses Buch nicht hätte zustande kommen können.

Außerdem gilt mein besonders herzlicher Dank den Enkelkindern Nele (13) und Ole (10) Brunswig sowie Luna (8) und Elli (6) Sonnenschein, die mit ihren großartigen künstlerischen Beiträgen einigen von mir beschriebenen Tiere lebendige Gestalt verliehen haben.

Außerdem gilt mein herzlicher Dank meinem Bruder Klaus, der mich auf die Idee brachte, solche Art von Geschichten zu verfassen. Drei ursprünglich von ihm angefertigte Texte habe ich in mal mehr oder weniger umfangreicher eigener Bearbeitung hier aufgenommen. Es sind dies: Die Grizzly-Maus, Der Baumelefant und Der Zottelfrosch.

Last but not least möchte ich mich bei dem großartigen Künstler Roland Grundheber aus

Trier bedanken, dessen Gemälde ich ausschnittsweise und durch eine veränderte Perspektive leicht verfremdet mit einem meiner erfundenen Tiere in eine schöpferische Verbindung bringen durfte.

Ende